DECIMALS WORKBOOK MATH ESSENTIALS
Children's Fraction Books

SPEEDY PUBLISHING

Speedy Publishing LLC
40 E. Main St. #1156
Newark, DE 19711
www.speedypublishing.com

Copyright 2016

All Rights reserved. No part of this book may be reproduced or used in any way or form or by any means whether electronic or mechanical, this means that you cannot record or photocopy any material ideas or tips that are provided in this book

Our Decimal System lets us write numbers as large or as small as we want, using the decimal point.

ADDITION

1. 6.8 + 5.3 = _____

2. 6 + 6.2 = _____

3. 0.7 + 2.2 = _____

4. 4.8 + 6.6 = _____

5. 4.1 + 5.8 = _____

6. 9.1 + 1 = _____

7. 4.7 + 2.8 = _____

8. 1.5 + 5.3 = _____

9. 1.6 + 3 = _____

10. 9.4 + 1.4 = _____

11. 7.1 + 7.6 = _____

12. 2.6 + 8.6 = _____

13. 4 + 6.2 = _____

14. 7 + 8.5 = _____

15. 8.8 + 9.2 = _____

16. 2.3 + 6.7 = _____

17. 3.8 + 2.1 = _____

18. 9.7 + 2 = _____

19. 2 + 7 = _____

20. 8.9 + 9 = _____

21. 1.2 + 6.9 = _____

22. 3.5 + 1.6 = _____

23. 2 + 6.4 = _____

24. 2 + 1 = _____

25. 4.6 + 8.4 = _____

SUBTRACTION

1. 1 - 9.8 = _____

2. 8.9 - 9.6 = _____

3. 2.5 - 6.9 = _____

4. 0.4 - 5.6 = _____

5. 8.1 - 1.2 = _____

6. 7.8 - 4.3 = _____

7. 5.5 - 9.3 = _____

8. 8.1 - 8 = _____

9. 0.4 - 2.3 = _____

10. 0.7 - 0.9 = _____

11. 9 - 8.7 = _____

12. 8.9 - 2.5 = _____

13. 6.6 - 1.5 = _____

14. 0.2 - 2 = _____

15. 0.2 - 8.4 = _____

16. 8.4 - 5.3 = _____

17. 1.1 - 9.3 = _____

18. 8.8 - 8.5 = _____

19. 8.2 - 1 = _____

20. 7.7 - 6.6 = _____

21.   5.1 - 2.7 = _____

22.   5.6 - 4.4 = _____

23.   5.6 - 0.4 = _____

24.   8.6 - 0.4 = _____

25.   1.3 - 7.2 = _____

MULTIPLICATION

1. 5.6 x 7.5 = _____

2. 6.7 x 0.1 = _____

3. 9.6 x 9 = _____

4. 1.3 x 2.2 = _____

5. 3.6 x 6.1 = _____

6. 6.3 x 1 = _____

7. 4.8 x 6.1 = _____

8. 4.9 x 6.2 = _____

9. 9.1 x 7 = _____

10. 2.4 x 9.1 = _____

11. 4.5 x 0.5 = _____

12. 9 x 6.9 = _____

13. 7.8 x 3.7 = _____

14. 9.6 x 8.1 = _____

15. 4.4 x 7.4 = _____

16.   2.6 x 5.2 = _____

17.   9 x 5.7 = _____

18.   2.3 x 1.4 = _____

19.   3.9 x 8.9 = _____

20.   0.9 x 7.5 = _____

21. 9.4 x 9.5 = _____

22. 3.4 x 1.6 = _____

23. 9.5 x 1.1 = _____

24. 6.6 x 4 = _____

25. 0.9 x 3.7 _____

DIVISION

1. 16.2 ÷ 5.4 = _____

2. 11.2 ÷ 2.8 = _____

3. 34.8 ÷ 8.7 = _____

4. 6.0 ÷ 0.6 = _____

5. 14.4 ÷ 1.8 = _____

6. 11.7 ÷ 3.9 = _____

7. 12.0 ÷ 1.5 = _____

8. 7.6 ÷ 3.8 = _____

9. 58.2 ÷ 9.7 = _____

10. 54 ÷ 9 = _____

11.   5.1 ÷ 5.1 = _____

12.   32.5 ÷ 6.5 = _____

13.   64.8 ÷ 7.2 = _____

14.   46.9 ÷ 6.7 = _____

15.   25.0 ÷ 2.5 = _____

16. 55.8 ÷ 9.3 = _____

17. 39.5 ÷ 7.9 = _____

18. 9.0 ÷ 1.8 = _____

19. 6.5 ÷ 6.5 = _____

20. 92.0 ÷ 9.2 = _____

21. 2.6 ÷ 1.3 = _____

22. 16.0 ÷ 1.6 = _____

23. 0.2 ÷ 0.1 = _____

24. 2.9 ÷ 2.9 = _____

25. 56 ÷ 8 = _____

Round each decimal number to the nearest whole number.

1. 2.9 = _____

2. 6.9 = _____

3. 8.8 = _____

4. 2.1 = _____

5. 5.9 = _____

6. 2.3 = _____

7. 0.1 = _____

8. 5.3 = _____

9. 2.8 = _____

10. 0.8 = _____

11. 7.7 = _____

12. 2.1 = _____

13. 1.1 = _____

14. 3.7 = _____

15. 6.3 = _____

16. 9.9 = _____

17. 1.7 = _____

18. 0.6 = _____

19. 1.8 = _____

20. 1.5 = _____

21. 4.3 = _____

22. 7.0 = _____

23. 8.1 = _____

24. 2.7 = _____

25. 3.6 = _____

26. 0.2 = _____

27. 2.1 = _____

28. 8.9 = _____

29. 4.6 = _____

30. 4.4 = _____

31. 1.3 = _____

32. 8.6 = _____

33. 6.6 = _____

34. 8.7 = _____

35. 3.7 = _____

ANSWERS

Addition

1. 12.1
2. 12.2
3. 2.9
4. 11.4
5. 9.9
6. 10.1
7. 7.5
8. 6.8
9. 4.6
10. 10.8
11. 14.7
12. 11.2
13. 10.2
14. 15.5
15. 18.0
16. 9.0
17. 5.9
18. 11.7
19. 9
20. 17.9
21. 8.1
22. 5.1
23. 8.4
24. 3
25. 13.0

Subtraction

1. -8.8
2. -0.7
3. -4.4
4. -5.2
5. 6.9
6. 3.5
7. -3.8
8. 0.1
9. -1.9
10. -0.2
11. 0.3
12. 6.4
13. 5.1
14. -1.8
15. -8.2
16. 3.1
17. -8.2
18. 0.3
19. 7.2
20. 1.1
21. 2.4
22. 1.2
23. 5.2
24. 8.2
25. -5.9

Multiplication

1. 42.00
2. 0.67
3. 86.4
4. 2.86
5. 21.96
6. 6.3
7. 29.28
8. 30.38
9. 63.7
10. 21.84
11. 2.25
12. 62.1
13. 28.86
14. 77.76
15. 32.56
16. 13.52
17. 51.3
18. 3.22
19. 34.71
20. 6.75
21. 89.30
22. 5.44
23. 10.45
24. 26.4
25. 3.33

Division

1. 3
2. 4
3. 4
4. 10
5. 8
6. 3
7. 8
8. 2
9. 6
10. 6
11. 1
12. 5
13. 9
14. 7
15. 10
16. 6
17. 5
18. 5
19. 1
20. 10
21. 2
22. 10
23. 2
24. 1
25. 7

Rounding Decimals

1. 3
2. 7
3. 9
4. 2
5. 6
6. 2
7. 0
8. 5
9. 3
10. 1
11. 8
12. 2
13. 1
14. 4
15. 6
16. 10
17. 2
18. 1
19. 2
20. 2
21. 4
22. 7
23. 8
24. 3
25. 4
26. 0
27. 2
28. 9
29. 5
30. 4
31. 1
32. 9
33. 7
34. 9
35. 4

www.ingramcontent.com/pod-product-compliance
Lightning Source LLC
LaVergne TN
LVHW061322060426
835507LV00019B/2260